ENGUERRAND DE MARIGNY

ÉTUDE HISTORIQUE

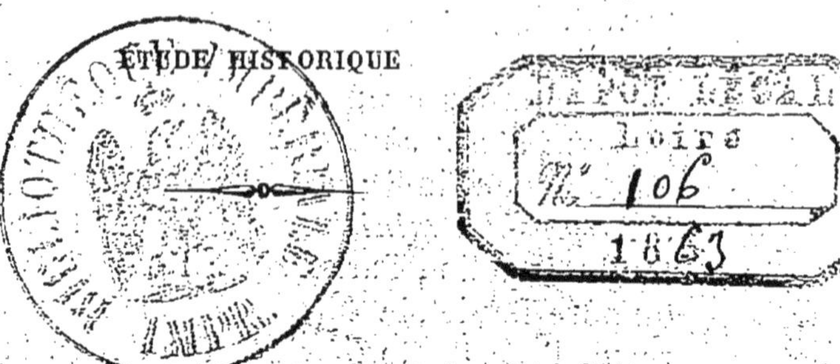

L'histoire moderne a enregistré dans ses annales la chute du surintendant Fouquet, disgrâce éclatante qui traversera les âges entourée d'une auréole de pitié et de commisération, parce que des esprits éminents, Pélisson, Lafontaine et Madame de Sévigné se sont constitués les défenseurs de cet homme, qui pourtant était coupable de grandes dilapidations.

Mais les infortunes de Fouquet sont-elles comparables à celles d'Enguerrand de Marigny ? Le procès du premier donna lieu aux immortels discours de Pélisson, tandis que le second ne fut pas même défendu. L'un fut incarcéré avec tous les égards dûs à sa haute position ; l'autre fut voué à la mort la plus ignominieuse.

Quoi qu'il en soit, rien n'est plus triste et plus instructif en même temps que le procès de Marigny. Nous y verrons un homme d'état, d'une probité incontestable, livré aux aveugles rancunes de la foule, immolé à la fureur publique. Nous y verrons les fautes d'un roi retomber sur un ministre innocent. Cette étude nous offrira l'un des plus mémorables exemples des vicissitudes auxquelles est soumise la vie des hommes d'état. — Elle nous prouvera une fois de plus l'éternelle vérité de cette parole de l'Écriture : « *Nolite confidere in principibus ; ne vous fiez pas aux princes.* »

Un mot maintenant sur les sources de notre travail. Nous avons consulté un très-grand nombre d'ouvrages et de documents, parmi lesquels nous citerons ceux qui suivent : l'*Histoire du château et des sires de Tancarville*, par M. Deville, Rouen, in-8°; la *Chronique de Normandie;* l'*Histoire des ministres d'état*, par le baron d'Auteuil, in-folio, Paris, 1642; l'*Histoire de France* du père Daniel, la *Chronique métrique de Godefroy*, l'excellente *Dissertation* de M. Lacabanne *sur la mort de Philippe-le-Bel*, dont ce savant a bien voulu nous offrir un exemplaire; le travail de M. Pierre Clément intitulé : *Enguerrand de Marigny*; la *Chronique manuscrite du chanoine de St-Victor* (bibliothèque impériale, numéro 4725); le *Chartulaire inédit d'E. de Marigny* (bibl. imp., numéros 9785 et 9786, fonds latin) ; un certain nombre de pièces qui se trouvent aux Archives de l'Empire et surtout un très-curieux manuscrit de la bibliothèque impériale (vieux fonds français, numéro 6909) intitulé : *Chronique depuis César jusqu'au XIVe siècle*, qui n'a été consulté par aucun des auteurs qui ont parlé de Marigny.

Après ces préliminaires indispensables, commençons notre récit. Suivant le père Daniel (t. V, p. 212), Enguerrand de Marigny naquit en Normandie, vers 1265. Sa famille, noble et ancienne, avait été connue longtemps sous le nom de Le Portier, et n'avait pris celui de Marigny qu'au commencement du XIIIe siècle, par suite de l'union de Hugo Le Portier, seigneur de Rosay, avec Mahaut de Marigny.

D'abord écuyer du sire de Bouville, Enguerrand fut attaché plus tard à la maison de la reine de France, qui le maria avec Jehanne de Saint-

Martin, sa filleule. Ce fut ainsi qu'il parvint à faire partie de la cour de Philippe-le-Bel, qui, reconnaissant en lui beaucoup d'esprit, de pénétration, de sagesse et d'habileté, lui donna, en 1298, la garde du château royal d'Issoudun et le gratifia d'une rente sur son trésor. — Telle fut l'origine de la prodigieuse fortune de notre héros. — Bientôt son crédit ne connut plus de bornes, et, en quelques années, il fut fait chevalier, comte de Longueville, chambellan du roi, surintendant des finances et capitaine du Louvre.

Dans une circonstance importante, le nouveau courtisan fit voir l'influence extraordinaire qu'il exerçait sur le roi. C'était au commencement du XIVe siècle. Deux nobles familles normandes, les d'Harcourt et les Tancarville étaient en procès à propos de la propriété d'un moulin situé près de l'antique cité de Villebonne. Les vassaux des d'Harcourt ayant pris le moulin de vive force, une guerre éclata bientôt entre les deux maisons rivales. Un jour, les deux adversaires se rencontrèrent, et le sire d'Harcourt, sans provocation préalable, tira sa longue rapière et creva un œil à son ennemi. Marigny, ami de Tancarville, prit parti pour lui, tandis que le comte Charles de Valois, frère du roi, essaya de justifier le seigneur d'Harcourt. Malgré cette intervention puissante, Philippe-le-Bel se prononça contre ce dernier. Un combat solennel eut lieu entre les deux ennemis, à la suite duquel ils se réconcilièrent. Cette affaire montra clairement que l'influence de Charles de Valois avait été effacée par celle de Marigny. Dès-lors aussi le comte de Valois, exaspéré de cet échec, s'efforça de répandre mille calomnies contre Enguerrand.

Peu de temps après, en 1306, l'heureux favori du roi fut chargé de présider la Cour de l'Echiquier de Normandie, établie à Rouen. D'autres grands personnages, tels que le comte de Saint-Pol et l'évêque de Narbonne, qui aspiraient à cette haute position, furent obligés d'assister, sous les ordres de Marigny, à la session de la cour. De là encore bien des haines secrètes contre le chambellan du roi, haines qui amenèrent peut-être sa disgrâce.

A la même époque, Philippe-le-Bel créa des contributions jusqu'alors inusitées, qui pesèrent lourdement sur les seigneurs propriétaires et les corporations industrielles et commerçantes. Puis les Juifs furent rançonnés de la manière la plus illégale et les marchands étrangers dépouillés de leurs biens. Enfin les monnaies du royaume furent gravement altérées et l'on ordonna aux riches bourgeois de porter aux hôtels des monnaies leur vaisselle d'or et d'argent. Grâce à ce régime impolitique, la plupart des alchimistes se transformèrent en faux-monnayeurs. En vain le pape Clément V les frappa d'excommunication ; leur nombre ne fit qu'augmenter.

Enguerrand eut le tort de prendre part à ces désastreuses mesures et de préparer la plupart des ordonnances de Philippe-le-Bel. Les plaintes que ces ordonnances firent éclater furent amères et générales. Le plus grand des poètes contemporains, Dante (*Paradis*, chant XIX), se fit l'immortel écho de la clameur publique, en stigmatisant le roi de France du nom de *faux-monnayeur*. Une satire du temps, publiée en 1835, par M. Chabaille, dans le *Bulletin de la Société de l'Histoire de France* (p. 221), exprime fortement les sentiments du peuple à ce sujet. En voici un fragment, traduit en langage moderne, par le savant que nous venons de nommer :

« Roi saint et fort, issu des saints, il est triste de voir que la royauté et les bonnes œuvres déchoient à cause de toi.

» Roi, pourquoi n'y penses-tu pas ? Tu n'es pourtant plus un enfant. Si tu savais ce qu'on va publiant avec mépris de tes monnaies ?

» Personne ne t'en loue : loin de là, tu es blâmé de tout le monde; mais je n'en veux de mon bon gré rapporter la grande diffamation.

» Non, je ne le dirai pas; mais bientôt tu sauras comment ton peuple se perd réellement à cause de ta monnaie.

» Le menu peuple est éperdu et en contestation, et il se désespère de voir cesser le bon temps.

» La droiture change et se transforme, et la raison tourne ouvertement en déraison ; cela est démontré.

» Crier n'y peut rien ; ainsi dorénavant je veux m'en taire, puisqu'on en parle et qu'on en disserte souvent sans moi. »

Cette poésie populaire semble être le tocsin d'une révolte. En effet, le jeudi d'avant l'Epiphanie de l'année 1306, les foulons, tisserands, taverniers et autres petits marchands incendièrent la maison d'Estienne Barbette, riche bourgeois, ami de Marigny, et poussèrent l'audace jusqu'à envahir les avenues du palais du Temple, où Philippe-le-Bel se trouvait. Le prévôt des marchands finit par comprimer cette sédition, et vingt-huit des principaux meneurs furent pendus. « De laquelle chose le menu peuple de Paris chut en grand doleur, » disent les *Chroniques de St-Denis*. Cette douleur devait coûter cher un jour à Enguerrand.

Pendant ce temps, le royal favori, nommé par la reine Jehanne de France l'un de ses exécuteurs testamentaires, était comblé de legs et de dons très-considérables. Quatre ans plus tard, il acheta du comte Gaucher de Chastillon la vaste terre de Champrond, dans le Perche, qu'il échangea bientôt contre la châtellenie de Gaille-Fontaine, en Normandie. — Son crédit augmentant, il fit nommer successivement évêque de Cambrai et archevêque de Sens Philippe de Marigny, l'aîné de ses quatre frères utérins (1309). Le second, Jean de Marigny, fut créé d'abord chantre de l'église cathédrale de Paris, position importante alors, et appelé, en 1312, à l'évêché de Beauvais. Un des parents d'Enguerrand, Nicolas de Fréauville, devint confesseur du roi et fut nommé cardinal par le pape Clément V.

Devenu veuf de sa première femme, qui lui avait laissé trois enfants, Louis, Marie et Isabeau, Marigny épousa Alips de Monts, qui lui apporta des biens immenses et lui donna aussi trois enfants : Raoul, Thouras et Alips. Isabeau de Marigny, à peine âgée de sept ans, fut mariée au seigneur de Tancarville (fils de celui dont nous parlions tout à l'heure), qui avait à peu près le même âge (1309). Elle reçut pour dot mille livres de rente et une somme de douze mille livres payables dans l'espace de deux ans, somme énorme pour l'époque et qui équivaut à plus d'un million de notre monnaie actuelle. Ce fait seul nous donne la plus haute idée de la fortune du trésorier royal, qui, d'après M. Pierre Clément (p. 41), devait posséder dès-lors plus de quarante millions.

Cette fortune colossale s'accrut immensément par suite des dons innombrables du roi. Il existe à la bibliothèque impériale un *Chartulaire manuscrit d'E. de Marigny*, très-gros volume in-4°, que nous avons attentivement feuilleté, qui ne contient pas moins de deux cents pièces relatives à des donations et à des cessions de priviléges faites par Philippe-le-Bel à son chambellan. La première remonte à l'année 1305. Pendant les années 1308, 1309, 1310, 1312 et 1313, le roi, « attendus les agréables services de son amé et féal Enguerran, seigneur de Maineville, » lui donne tantôt des rentes et des droits d'usage, tantôt des droits de chasse, d'affouage, des seigneuries, des châtellenies, des prés, des forêts, des fiefs et des villages entiers de la plus grande valeur. En même temps, le trésorier royal ne laissait échapper aucune occasion d'acheter nombre de terres et de maisons, soit en Normandie, soit à Paris.

Bientôt Enguerrand fit bâtir, à proximité du Louvre, une habitation, qu'il agrandit par des acquisitions successives et qui surpassait en splendeur tout ce que l'on avait vu de plus magnifique jusqu'alors. Ce palais régnait le long des rues des Fossés-St-Germain-l'Auxerrois, de l'Osteriche et des Poulies.

La fondation à Ecouis, en Normandie, d'une église célèbre, augmenta encore l'influence de Marigny dans cette contrée et à la cour. La dédicace de ce somptueux monument se fit avec une solennité vraiment royale. Le légat du pape, Nicolas de Fréauville, assisté de deux archevêques et de onze évêques, y présida au milieu d'une foule immense. « Jamais peut-être, dit M. P. Clément (p. 44), il n'avait été donné à un homme, qui ne faisait pas partie de la famille du roi, de jouir d'un pareil triomphe, de voir tant d'autorité et de puissance attachées à son nom, tant de personnages considérables heureux et flattés d'ajouter par leur présence à l'éclat d'une pareille cérémonie. »

Le roi voulut contribuer aussi par ses largesses à la prospérité de l'église d'Ecouis, et lui fit, de 1310 à 1312, des dons de terres, de rentes et de priviléges. Douze chanoines furent attachés à cette église par Enguerrand, qui décida en outre qu'un de ces prêtres le suivrait partout en qualité d'aumônier.

En 1307, après la fameuse bataille de Mons-en-Puelle, le chambellan du roi fut envoyé à Tournay, muni de pouvoirs extraordinaires, pour conclure une paix avantageuse avec le comte de Flandre. Il y arriva accompagné de Gauthier de Chastillon, connétable de France, de Pierre de Galart, grand-maître des arbalétriers, de Guillaume de Nogaret, chancelier de France, de Léon de Griez, maréchal de France, et de Raoul de Presles, célèbre jurisconsulte. Son entrée fut d'une magnificence incomparable. Le comte de Flandre et le comte de Hainaut étant alors en guerre, il intervint entre eux en médiateur souverain et obtint une trêve : puis dans une assemblée de députés des communes flamandes, il plaida avec habileté la cause de Philippe-le-Bel contre Robert de Béthune et son fils aîné Louis de Nevers, et ne put s'entendre avec les Flamands (1311). L'année suivante, Louis de Nevers fut pris par les reîtres du roi de France et enfermé au château de Mont-le-Méry, dans cette haute tour, dont la poétique silhouette se détache encore aujourd'hui si harmonieusement de l'horizon parisien. — Enguerrand alla visiter le puissant prisonnier et le supplia de vouloir bien donner à Louis de Marigny, son fils, la seigneurie du Couldray, près de Bonny-sur-Loire, avec les droits de haute et basse justice qui y étaient attachés. Louis de Nevers fit aussitôt rédiger l'acte de donation par un notaire apostolique.

En 1313, le comte s'évada, et, dans une assemblée de bourgeois qui eut lieu à Gand, le jour de Pâques, il protesta énergiquement contre toutes cessions faites au roi de France et à son favori, et, suivant M. Kervyn de Lettenhove (*Histoire de Flandre*, t. III, p. 583), il prononça ces paroles contre Marigny : « N'est-il pas connu de tous » que, semblable à un habile magicien, Enguer-

» rand fait faire au roi tout ce qu'il lui conseille, » que cela soit bien ou mal, sans que les person- » nes les plus élevées et les plus sages osent pré- » senter la moindre observation. » Louis de Nevers devint dès-lors ennemi irréconciliable du chambellan de Philippe-le-Bel.

Quelques années auparavant, notre trésorier avait assisté au couronnement du roi d'Angleterre Edouard II (1310). En 1313, ce prince, qui avait pu apprécier les hautes qualités du surintendant du roi de France, lui adressa une lettre pour lui demander des conseils, à l'occasion de l'ouverture du parlement. Une pension de mille livres, représentant cent mille francs de notre époque, fut la récompense des avis de Marigny.

Malheureusement cette pension le fit soupçonner de s'être vendu à l'Anglais, comme on disait alors. Ainsi chaque faveur nouvelle de la fortune devait être fatale à notre chambellan.

Ajoutons à cela que, depuis les démêlés de Philippe-le-Bel et du pape Boniface VIII, Enguerrand était considéré à tort, par les Ultramontains, comme l'auteur de tout ce qui s'était fait contre le souverain pontife et de toutes les précautions que l'on avait prises pour engager le peuple, la noblesse et le clergé à s'unir au roi dans cette cause et pour rendre inutiles les excommunications venues de Rome.

Mais d'autres événements allaient faire éclater bien plus vivement encore l'animosité croissante des bourgeois et des nobles contre Marigny. En 1314, l'argent manquant dans les coffres de l'état, le gouvernement fit appel aux communes. Le premier août de cette même année eut lieu la séance d'ouverture des Etats-Généraux, où Enguerrand joua le principal rôle. Suivant les *Grandes Chroniques de St-Denis* (t. V, p. 206), il obtint qu'une nouvelle taille serait désormais levée, « de quoi

» le menu peuple fut trop grevé, pour laquelle » raison le dit Enguerran chut en la haine du » peuple trop malement. » Le continuateur de Guillaume de Nangis (p. 306) qualifie cet impôt « d'extorsion injuste, d'exaction inique et d'un nouveau genre. » Cette taxe, qui consistait dans le paiement d'une somme de dix deniers par livre parisis de tout objet vendu, excita des plaintes violentes à Paris et dans les provinces.

Avec le produit de cet impôt, le gouvernement put organiser une guerre contre la Flandre, toujours en lutte contre le roi de France, son suzerain. Au commencement du mois de septembre 1314, quatre armées commandées par Louis, roi de Navarre, par le comte Philippe de Poitiers, par Charles de Valois et par le comte d'Evreux, se mirent en marche vers la Flandre. Fière de sa valeur, l'armée croyait pouvoir exterminer les rebelles. Quelle ne fut pas sa colère et son indignation, en apprenant tout-à-coup qu'une trève, proposée par Enguerrand, avait été ratifiée, le 13 septembre, à Orchies, par le roi de Navarre! Trompée dans ses plus chères espérances de gloire et de butin, la noblesse répandit des bruits injurieux contre le premier ministre du roi. On prétendit qu'il avait vendu cette trève à l'ennemi pour deux cents mille livres. Le comte de Valois, irrité plus

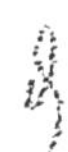

encore que ses bouillants compagnons d'armes, accusa de forfaiture Marigny, qui dédaigna de se justifier. « Aussi, dit Pierre d'Oudegherst » (*Chroniques flamandes*, chap. CXLIV), était-il » mignon du roi, et ne pouvait en rien méfaire » ni offenser. » — Charles de Valois, blessé de cette conduite, jura de s'en venger. Il ne tint que trop ses cruelles promesses.

Le 1er novembre 1314, Philippe-le-Bel ordonna aux quarante-deux bonnes villes du royaume de députer à Paris deux ou trois notables, qui seraient chargés de préparer une nouvelle réforme des monnaies. Cette refonte, conseillée par Marigny, fut très-mal reçue par le peuple et par les hauts et puissants seigneurs, dépouillés de leur droit de battre monnaie pendant onze ans.

A cette époque la fortune d'Enguerrand était arrivée à son apogée. Son autorité sans bornes s'étendait à toutes les parties de l'administration. Seigneur dans dix-sept cents villages, possédant trente mille florins de revenu d'après la *Chronique de Cornélius Zantfliet* (*Coll. de Dom Martène*, t. V, p. 167), chambellan, conseiller du roi, trésorier du Louvre et de la couronne, *coadjuteur du royaume*, ainsi que l'appellent la plupart des écrivains du temps, il eut le malheur d'oublier sa modeste origine et d'humilier les plus grands personnages de la Cour :

Tant se fioit en son argent,
Quil ne prisoit nulle gent,

dit un manuscrit inédit du *Roman du Renard* (Bibl. imp., fonds Lancelot, numéro 369, fol. 6). Elevant les uns, abaissant les autres suivant son caprice du moment, il accomplissait ses moindres volontés. Dans un voyage à Avignon, il avait, honneur réputé inouï ! reçu du Saint-Père la rose d'or. Enfin il était lui-même l'artisan de cette fortune, la plus extraordinaire à laquelle un simple particulier fût jamais parvenu en France. Où donc devait-elle s'arrêter ? Ne pouvait-il pas inscrire sur son blason, comme plus tard Fouquet, cette orgueilleuse devise : *Quo non ascendam ? Où n'arriverai-je pas ?*

Au moment où Marigny était arrivé au faîte de la puissance et de la grandeur, vers la fin de novembre 1314, Philippe-le-Bel tomba gravement malade. Parmi les serviteurs témoins de son agonie, dit M. Lacabanne, dans sa *Dissertation sur la mort de Philippe-le-Bel*, était son fidèle et bien-aimé Enguerrand. La faveur du monarque l'avait élevé au rang de premier ministre. De quelle douleur ne dût-il pas être pénétré en recevant les derniers adieux de ce maître à qui il devait tout, qui l'avait fait si riche et si grand, lui auparavant si pauvre et si petit ; et qu'à son tour il avait servi avec tant de zèle, de probité et de dévouement ! Un triste pressentiment, n'en doutons pas, vint assaillir son âme dans ce cruel moment de dernière séparation.

Mais, s'il avait pu nourrir encore l'espérance d'une continuation de crédit sous le règne de Louis le-Hutin, son illusion dut être douloureusement dissipée, quand il entendit le roi mourant recommander à ses fils, encore jeunes, de suivre avec une entière confiance les conseils des comtes d'Evreux et de Valois, leurs oncles. Que pouvait attendre Marigny d'un gouvernement dirigé par ses plus mortels ennemis ? Pour lui désormais plus de titres, plus d'honneurs; trop heureux s'il pouvait compter sur un peu de justice. — Car l'égalité devant la loi n'existait pas alors, et aujourd'hui qu'elle est devenue chose vulgaire, commune, et pour ainsi dire de peu de valeur, nous avons oublié par combien de sang et de larmes nos pères nous ont conquis ce principe social.

Ce fut sous l'empire de ces tristes sentiments que Marigny, s'adressant au roi, lui rappela qu'une commission composée de l'évêque de Châlons, des comtes d'Evreux et de Saint-Pol et de plusieurs autres grands personnages, avait été chargée de vérifier les comptes du trésor du Temple et du Louvre, dont l'administration lui était confiée ; mais que ces commissaires n'avaient pu terminer leurs opérations; qu'ayant le plus grand intérêt à ce que cette vérification fût promptement terminée, il demandait au roi, comme une faveur suprême, de vouloir bien ordonner à son successeur de faire achever cette enquête. Philippe donna aussitôt à son fils aîné l'ordre sollicité par Enguerrand. Quelques instants après, le roi de France cessa de vivre.

L'avènement de Louis X à la couronne fut le signal d'une violente réaction contre les serviteurs de Philippe-le-Bel. Ainsi commencèrent à se réaliser les funestes pressentiments que Marigny paraît avoir eus au lit de mort de son bienfaiteur. Aussi demanda-t-il que la vérification de ses comptes fût reprise. Louis-le-Hutin accueillit favorablement sa prière. Mais la commission d'apurement, composée en partie de maîtres des comptes, était devenue incomplète par suite de la disgrâce de Pierre de La Tilly, évêque de Châlons. Le comte de Valois fit, en conséquence, ajouter dix nouveaux commissaires aux anciens. Il eut soin de les choisir parmi ses créatures et ses partisans les plus dévoués.

L'opération ayant été reprise, fut terminée dès le 24 janvier de l'année 1315. Les commissaires, dans leur rapport au roi, reconnurent formellement la parfaite régularité des comptes et la bonne administration du ministre disgrâcié. Louis X approuva aussitôt leur décision. Par lettres données à Vincennes, le 24 janvier 1315, il déclara que les comptes fournis par Enguerrand, tant ceux du trésor du Temple que du Louvre, que ceux de la chambre du roi, étaient *bons*, *loyaux*, *suffisants*, et qu'il les *recevait*, *agréait*, *approuvait* et *louait* comme tels. La déclaration royale portait en outre que, ni Louis, ni ses successeurs ne pourraient jamais rien réclamer de Marigny, pour quelque raison que ce pût être.

Tel est ce jugement solennel, péremptoire, dont le texte publié pour la première fois par l'éminent M. Lacabanne, dans la *Bibliothèque de l'E-*

cole des Chartres, jette une lumière nouvelle sur l'histoire du plus infortuné des ministres. Vainement le scepticisme le plus opiniâtre cherchera-t-il encore à répandre des doutes sur la culpabilité d'Enguerrand, les lettres du 24 janvier 1315 prouveront à jamais l'innocence de cette noble victime et la perversité de ses ennemis.

Malgré cet arrêt souverain, les plaintes de la foule toujours aveugle redoublèrent contre Marigny. Charles de Valois, furieux de l'acquittement du favori de Philippe-le-Bel, sut exploiter habilement ces haines de la populace et se décida à tirer parti, dans l'intérêt de sa vengeance, de la faiblesse excessive du jeune roi. — Mais laissons parler l'auteur de la *Chronique manuscrite depuis César jusqu'au XIV*[e] *siècle*. Cet écrivain anonyme, que nous citons pour la première fois, va nous donner les détails les plus curieux et les plus authentiques sur toute cette affaire (1).

« Louis, roi de France, et ses deux frères ayant fait convenir devant eux Enguerrand, lui demandèrent ce qu'il avait fait du grand trésor réal qu'il avait eu en garde et gouvernement; car ils l'avaient trouvé trop amoindri et dénué d'argent. Alors leur répondit Enguerrand : qu'il l'avait si bien gouverné que bon compte et léal en rendrait. Adonc lui dit Charles de Valois, oncle desdits enfants : « Rendez-le donc maintenant. » Répondit Enguerrand : « Sire, volontiers, je vous en ai » baillé la plus grande partie et le résidu ai mis » en paiement pour les dettes de Monsieur votre » frère. » Et quand Charles de Valois ouït le brief compte qu'Enguerrand de Marigny rendait à la

(1) Nous avons dû, afin de mettre cet écrit à la portée de tout le monde, *moderniser* l'orthographe de notre chroniqueur, tout en lui conservant son vieux style et sa pittoresque physionomie.

honte et opprobre de lui, si lui dit : « Certes, de ce mentez-vous, Enguerrand. » Et lors répondit Enguerrand : « Par Dieu, sire, mais vous. » A donc saillit sus Charles, comte de Valois, et le cuida percer de son épée. Mais aucuns nobles hommes, qui là étaient, gardèrent ledit Enguerrand pourqu'il échappât des mains dudit comte. »

D'après la *Chronique du chanoine de St-Victor*, les choses se seraient passées d'une manière moins dramatique. « Le roi, dit ce vieil historien, se transporta avec ses frères, ses oncles et un grand nombre de barons au bois de Vincennes ; et se fit rendre compte en leur présence de l'état du royaume ; il fit en même temps convoquer tous les trésoriers et receveurs pour connaître l'état de leurs recettes et dépenses. Leurs comptes accusèrent un si honteux gaspillage, qu'on ne trouva dans le trésor ni or, ni argent, ni pierres précieuses. Alors le roi s'écria tout en colère : « On sont les dixièmes, les cinquantièmes, » les centièmes levés du temps de feu notre père ? » Que sont devenus les produits des innombra- » bles changements de monnaies ? Je veux savoir » la vérité sur tout cela. » — « Cher neveu, dit » le comte de Valois, cherchez d'où peuvent pro- » venir tant de palais et de vases d'or et d'argent » qu'on admire ; c'est là que le trésor du roi votre » père s'est engouffré. » Là dessus le roi appela Enguerrand et tâcha d'en obtenir la vérité. Celui-ci ne put cacher qu'il avait reçu des Flamands une somme considérable. « Mais, dit-il, si j'ai agi de » la sorte, c'est afin que les ennemis fussent » épuisés d'autant ; je n'ai d'ailleurs rien fait que » par la volonté de votre père. » Ces mots remplirent le roi d'indignation. « Mon neveu, reprit « alors le seigneur comte de Valois, nous som- « mes trompés par un méchant homme, qui n'est » resté au milieu de nous que trop longtemps, et

» dont les méfaits ont attiré sur nous la malédic-
» tion universelle. C'est lui qui est cause des ex-
» torsions dont on se plaint, et qui, pour de l'ar-
» gent qu'on lui a donné, a fait, à la honte du
» royaume, obtenir plusieurs trêves aux Fla-
» mands. C'est pour cela que votre père est tombé
» dans une tristesse telle qu'il en est mort pré-
» maturément. C'est cet Enguerrand, ajouta le
» comte, qui est la cause de sa mort. Pour moi,
» je suis prêt à prouver qu'il est un voleur et qu'il
» a trahi le royaume; et, si vous ne le faites ar-
» rêter sur-le-champ, je jure Dieu que je ne pa-
» raîtrai plus ni dans votre conseil, ni à votre
» cour. »

Quelle est la plus vraie de ces deux versions? C'est ce que nous ne pouvons décider. — Quoi qu'il en soit, les véritables causes de la chute de Marigny durent être la haine du comte de Valois et les rancunes vivaces du peuple et de la noblesse. Indépendamment de Charles de Valois, si nous en croyons le père Daniel (*Hist. de France*, t. V, p. 212), le comte de Saint-Pol et le chevalier de Pecquigny se montrèrent des plus acharnés contre l'ancien ministre de Philippe-le-Bel et représentèrent au roi que la disgrâce d'Enguerrand était le seul moyen de satisfaire le peuple. Louis X, jeune homme faible et dissipé, n'eut pas le courage de résister à ces déplorables conseils et fit arrêter Marigny.

Au moment où l'ordre royal lui fut donné, ce dernier se trouvait dans son palais de la rue de l'Osteriche. On le saisit et on l'emprisonna dans la grosse tour du Louvre, sombre donjon, qui avait déjà servi de prison à Ferrand de Flandre, en 1214, à Enguerrand de Coucy et au comte Guy de Flandre, en 1299.

« Après ce, dit l'auteur de la *Chronique depuis César* (chap. 361), Charles de Valois fit crier et publier à toutes les villes et à Paris et à tous ceux qu'il savait qu'Enguerrand avait fraudés et endommagés, que tous, pauvres et riches, se réunissent pour clamer et faire parties contre lui, et qu'il les aiderait à pourchasser leur droit partout, et que, à cette fois, pourraient-ils de lui avoir raison. Encore ledit Charles, comte de Valois, non pas bien content ni assuré de la prison en laquelle était Enguerrand enfermé, s'en vint au roi de France et de Navarre. Si lui dit : « Sire, quelle » chose avez-vous fait ? Vous avez mis Enguer» rand, ce larron, en sa maison, au Louvre » duquel il est châtelain. Et pour ce m'est avis » que ce n'est pas chose convenable de le voir » illec emprisonné. » Et lors lui répondit le roi : « Que voulez-vous qu'on en fasse, et où voulez» vous qu'on le mette ? » Et Charles répondit : « Je veux qu'il soit mis au Temple, jadis maison » des Templiers, dedans étroite prison. » Et ce dit, par le commandement du roi, fut mené au Temple Enguerrand, grand peuple criant après lui : « Au gibet ! au gibet ! »

Arrivé au Temple, Enguerrand de Marigny fut enfermé dans cette redoutable forteresse, où, quatre siècles plus tard, l'infortuné Louis XVI passa les derniers mois de sa vie, où Marie-Antoinette d'Autriche, Madame Elisabeth de France et Madame Royale restèrent captives, au milieu des angoisses et des outrages, où encore le jeune Louis XVII succomba, après une agonie de trois ans, victime des tortures les plus lâches et les plus abominables. Plût à Dieu qu'il fût aussi facile d'effacer de notre histoire nationale ces lugubres souvenirs, qu'il l'a été de renverser le vieux monument, témoin de tant de larmes et de tant de douleurs !

Quelques jours après son incarcération, l'infortuné ministre fut conduit à Vincennes. Une foule immense l'y suivit en l'accablant d'injures. « Va, » lui disait-elle, suivant la *Chronique de St-Vic-* » *tor* (page 149), exécrable traître. Que Dieu te » rende tout le mal que tu as fait aux pauvres » gens. Par toi, nous avons été dépouillés de » tous nos biens. Par toi, combien d'extorsions » ont été commises, combien de fois les mon- » naies ont été changées ! Par toi tout le royaume » a été jeté dans la confusion. » — Godefroy de Paris raconte ce fait d'une manière plus expressive encore :

« Après lui mainte gent,
Qui tous l'allaient agrégent.
Tous cels qui après lui venaient
Que plus, que moins le maudissaient
Et disaient avant : « Renart,
» Honte te doint saint Liénart !
» Ton barat et ta tricherie
» A tous nous a tolu la vie,
» L'avoir du réaulme as emblé ! »

Ecoutons maintenant l'auteur de la *Chronique depuis César* : « Ledit Enguerrand ayant été mené à Vincennes devant le roi et devant plusieurs barons qui y étaient assemblés ; lors, par le commandement du roi, proposa et prêcha maître Jehan Hasnnières (avocat général au Parlement), et commença son sermon fondé sur un article contre Enguerrand. Le présent fut son thême : « Non nobis, Domine, non nobis ; sed no- » mini tuo da gloriam ; » c'est-à-dire : « Non pas » à nous, Sire, mais à ton nom donne gloire. » Après ce racontait-il les sacrifices d'Abraham et de son fils Isaac. Après parla-t-il des serpents venimeux qui, au temps de saint Ylaire, gâtaient la terre de Poitou. Il compara les serpents à Enguerrand et à ses enfants. Puis, descendit sur le gouvernement du réaulme du temps d'Enguerrand.

Après ce, raconta tous les forfaits et en général tous maléfices et dommages contenus aux seize et un articles dont ledit Enguerrand était chargé et coupable envers le sang réal et le commun peuple du réaulme de France. Lesquels cas étaient si tant vilains et horribles et pleins de si grande avanie et infidélité, qu'il n'en était nul d'iceux si petit, qui ne fût digne de maux à souffrir et de plusieurs morts à recevoir. » — Ce passage du naïf chroniqueur nous prouve que le réquisitoire de Jean d'Asnières fut empreint du mauvais goût particulier aux discours de l'époque. Toutefois il ne nous donne pas les griefs formulés contre Enguerrand par l'avocat-général. Les *Grandes Chroniques de Saint-Denis* viennent heureusement suppléer à cette lacune du vieil historien et nous apprenons que ces griefs étaient au nombre de quarante-un. Nous ferons connaître les principaux seulement :

Philippe-le-Bel avait répété souvent que Marigny l'avait trompé, ainsi que tout son royaume. On avait même trouvé ce roi pleurant dans son appartement à cause de la douleur qu'il en ressentait.

Pendant que ce roi vivait encore, et au moment qu'il allait mourir, Marigny, accompagné de six hommes, aurait pillé le trésor du Louvre.

Alors qu'on était en guerre contre les Flammands, il avait eu une entrevue secrète avec Louis de Nevers, qui lui avait donné deux vases émaillés d'argent et d'autres objets précieux. Là dessus, il avait obtenu une trève entre les armées belligérantes.

A son retour de Flandre, il avait conseillé de lever un impôt, dont le pauvre peuple fut extraordinairement grevé.

A l'époque où le roi Philippe-le-Bel avait envoyé auprès du pape Enguerrand, il lui avait donné, pour le saint Père, trente mille livres en or, que cet ambassadeur infidèle avait gardées.

Guillaume de Nogaret étant chancelier, Marigny lui avait fait sceller seize lettres, en lui cachant ce qu'elles contenaient.

Quand Philippe-le-Bel faisait don de quelque fief à Enguerrand, celui-ci faisait estimer deux cents livres ce qui en valait huit cents.

La terre de Gaille-Fontaine échangée par le comte de Valois contre celle de Champrond, qui appartenait à l'accusé, n'avait été estimée que huit cent livres, au lieu de douze cents, de sorte qu'Enguerrand avait volé quatre cents livres au comte. Le prieur de Saint-Arnould et l'abbé de Sainte-Catherine de Rouen avaient été dupés de la même manière.

Marigny avait reçu huit mille livres de marchands qui en devaient davantage à un de leurs confrères, lequel avait été mis en prison et n'avait pu obtenir sa grâce qu'en jurant qu'il ne réclamerait plus rien.

Il avait donné l'ordre d'arrêter très-haute et très-puissante dame Jehanne de Bourgogne, comtesse de Poitiers, soupçonnée d'adultère.

Il avait accepté un don de quarante-huit mille livre des habitants d'Arras, qui destinaient cette somme à Philippe-le-Bel.

Il s'était emparé de plusieurs maisons voisines de la sienne.

Il avait reçu trente mille livres des bourgeois de Rouen, qui avaient obtenu ainsi une franchise importante qu'ils sollicitaient.

Une femme de Sens, qui avait commis plusieurs crimes, lui ayant donné huit cents livres, avait été acquittée.

L'avocat-général reprocha encore à l'accusé d'avoir usurpé le droit de nommer tous les officiers du feu roi, d'avoir pris ce qu'il y avait de mieux dans les forêts de la couronne, d'avoir fait enlever les poissons des étangs royaux, etc. etc.

Lorsque Jean d'Asnières eut terminé ce singulier réquisitoire, Marigny voulut répliquer; mais la parole lui fut enlevée. On permit seulement à l'évêque de Beauvais, son frère, de prendre copie des quarante et un articles de l'acte d'accusation.

Alors Enguerrand eut recours au dernier moyen de défense des accusés de ce temps-là : il demanda à se battre en champ clos contre quiconque, à l'exception des princes du sang royal, soutiendrait qu'il était criminel. On lui déclara que cette voie de recours elle-même ne lui serait point ouverte, et pourtant tout accusé noble ou roturier, seigneur ou manant, pouvait invoquer ce qu'on nommait le *jugement de Dieu.* On l'engagea néanmoins à faire connaître les accusations qu'il ne reconnaissait pas fondées. Il réfléchit profondément, dit le chanoine de Saint-Victor, et protesta en pleurant contre l'injustice du roi et des barons.

On le ramena ensuite au Temple, en l'exposant aux outrages du peuple, « et illec fut enserré en gros fers, suivant la *Chronique depuis César*, et enfermé très-soigneusement. » Il n'y avait pas deux mois que le roi avait rendu une ordonnance le déchargeant de toute accusation.

D'ailleurs les faits allégués par Jean d'Asnières ne furent nullement prouvés, et le conseil des barons les accueillit sans réserve et sans entendre aucun témoin.

Aussi Louis X hésita-t-il pendant plusieurs semaines. Car il ne pouvait se résoudre à abandonner à l'inimitié ardente de Charles de Valois et des grands seigneurs de la cour un homme qui, pendant tant d'années, avait servi affectueusement le roi son père, et qui avait véritablement tenu dans ses mains les destinées de la France.

D'un autre côté l'évêque de Beauvais, l'archevêque de Sens, et les autres parents de Marigny usaient de tout leur crédit pour le soustraire au sort affreux qui le ménaçait. Déjà le roi se montrait clément et parlait de reléguer l'ancien ministre dans l'île de Chypre. Mais le comte de Valois, qui ne voulait pas abondonner sa vengeance, fit observer à Louis-le-Hutin, qu'Enguerrand parviendrait à s'échapper du lieu de son exil, et que la présence de cet homme habile, au milieu des ennemis de la France, pouvait devenir dangereuse pour la patrie.

Deux événements imprévus entraînèrent le roi dans les voies de rigueur auxquelles il répugnait naturellement. Godefroy de Paris, nous apprend en effet, que la reine de Navarre, femme de Louis X mourut à Château-Gaillard, au commencement de l'année 1315, et qu'avant sa mort elle donna à un Cordelier, son confesseur, une lettre mystérieuse pour le roi, qui révéla à ce dernier des faits très-étranges et très-graves à la charge de Marigny. Cette légende est-elle véridique? C'est là un problème historique, dont la solution sera probablement toujours inconnue.

A la même époque, le bruit se répandit que la femme d'Enguerrand et sa sœur avaient *envoûté* le comte de Saint-Pol et Charles de Valois, oncle du roi.

Voici comment la *Chronique depuis César* raconte ce fait :

« En l'an de Notre-Seigneur 1315, Enguerran de Marigny étant en prison court tenu, considérant ses maléfices, eut très-grande doutance de recevoir mort vilaine. Alors pensa-t-il et imagina-t-il en soi-même, par une espérance décevable, comment il pourrait traitreusement et couvertement ses ennemis livrer à mort par art déplorable et mêmement Charles, comte de Valois, et Philippe de Valois, qui lui étaient grands adversaires. Adonc manda ledit Enguerran à sa sœur, la dame de Canteleu et à l'archevêque de Sens, qu'ils vinssent parler à lui. Puis traitèrent entre eux la mort des deux comtes par la manière qu'il suit. Après ce la dame de Marigny et la dame de Canteleu, retournées dans leur maison, mandèrent tantôt et firent venir devant elles une mauvaise boîteuse, laquelle avait la renommée d'être sorcelle, et un autre garçon nommé Paiot, lequel se savait mêler et entremêler de toutes manières de sorts, auxquels elles promirent grand pécune, moyennant qu'ils voulussent faire aucuns sorts, par lesquels les deux comtes fussent mis à fin sans longue attente. Si furent les deux sortilègues plutôt prêts de ce faire qu'elles ne le furent de commander. A donc furent préparées leurs imaiges et baptisées. Si leur donnèrent noms. Et ce fait, comme les dits sorts eussent séché, les dits comtes auraient, en brief temps, reçu mort amère, si les dites imaiges eussent longuement duré. Mais, par la voulenté de Dieu, fut cette mauvaise emprise sue par le comte Charles de Valois, lequel en fut averti d'aventure. Pour laquelle chose s'en vint en grande hâte devers le roi et lui conta tout ce fait. Petit devant, pourtraitait le roi de la paix dudit Enguerran. Mais, quand il entendit cette cruelle et criminelle emprise, qui si périlleuse était, et qui la mort des deux nobles comtes pouvait toucher par si vilains et diaboliques sorts; si dit à son oncle : « J'ôte de cet infâme et malheureux homme ma main, et jamais plus devers vous sa paix ne pourchasserai ; faites de lui ce que droit en requiert. »

Dès ce moment le sort de l'infortuné Marigny fut fixé. Sa femme et la dame de Canteleu, Paiot et la boîteuse furent arrêtés et enfermés dans la prison du Louvre et dans celle du Châtelet. Après cela, le comte de Valois convoqua à Vincennes, pour le samedi d'avant l'Ascension, plusieurs prélats et nobles barons. « Puis, d'après la *Chronique depuis César*, il y fit amener Enguerran, sa femme, sa sœur, la boîteuse et Paiot, et furent illec récités tous les maléfices dudit Enguerran. Sa traitreuse et meurtrière emprise fut déclarée oyant tout le peuple. Alors fut condamné ledit Enguerran à être pendu par le jugement d'aucuns pairs. »

L'exécution de cette inique sentence fut fixée au lendemain, mercredi 30 avril 1315. Cette nouvelle causa un grand émoi dans toute la ville. « Car le peuple de Paris, dit Rabelais, est tant sot, tant badaud et tant inepte de nature, qu'un bateleur, un porteur de rogatons, un mulet avec ses cymbales, un vielleux au milieu d'un carrefour, assemblera plus de gents que ne ferait un bon prêcheur évangélique. » Une multitude innombrable accourut pour insulter l'ancien favori de Philippe-le-Bel.

Quand l'heure fatale fut venue, on fit sortir le condamné du Châtelet et on le fit monter dans une mauvaise charrette. Escorté par le lieutenant criminel, le prévôt de Paris, le procureur du roi et par une foule de gents du guet et d'archers, le hideux véhicule prit lentement la route de Montfaucon, au milieu d'une populace grouillante et hurlante, dont le peuple d'aujourd'hui ne saurait donner la moindre idée. De temps à autre, dominant les vociférations de la plèbe, le condamné s'écriait: « Honnêtes gens, priez pour moi! » Et la foule, sans aucun égard pour cette immense infortune, répondait brutalement : « Mort à Marigny! Au gibet! Enguerrand, au gibet! »

Arrivé à l'extrémité de la rue Saint-Denis, devant le monastère des Filles-Dieu, le funèbre cortége s'arrêta. Le condamné descendit de la charrette, fut introduit dans la cour du couvent et conduit au pied d'un grand crucifix de bois. Là il s'agenouilla et pria pendant quelques instants. Ensuite l'aumônier du monastère lui donna de l'eau bénite, et les bonnes religieuses lui apportèrent un verre de vin et trois morceaux de pain. Tel fut le dernier repas du condamné. Aussitôt après, le lugubre convoi se remit en marche et bientôt apparurent, se dessinant vaguement sur un ciel brumeux, les fourches patibulaires de Montfaucon.

Ce gibet, de triste mémoire, était situé sur la butte qui se trouve à l'extrémité septentrionale du faubourg Saint-Martin. Du haut de cet affreux Golgotha, on découvrait le pays désolé qui s'étend au nord-est de Paris. Au sommet de la montagne, un massif de maçonnerie, long de quarante pieds et large de trente, servait de base au redoutable monument. Seize piliers en pierre, hauts de trente-deux pieds, s'élevaient sur cette espèce de plate-forme et étaient unis entre eux par de doubles poutres supportant des chaînes de fer de trois pieds de longueur, auxquelles on suspendait les condamnés (1). Au bout de plusieurs de ces chaînes, trois ou quatre cadavres se balançaient constamment au gré du vent. Les uns, à moitié dévorés par les corbeaux, exhalaient une puanteur horrible; les autres, déjà réduits à l'état de squelettes se choquaient de temps à autre avec un bruit sinistre. Pour compléter cette scène funèbre, des oiseaux de proie voltigeaient çà et là

(1) Le roman de *Berte aux grans piés*, composé en 1270, parle déjà du gibet de Montfaucon, d'où il résulte que ce n'est pas, comme l'ont dit plusieurs auteurs, Marigny qui l'a fait construire. Voir la brochure de M. de la Villegille intitulée : *Des anciennes Fourches de Montfaucon*, 1836.

et se disputaient avec des cris rauques quelques lambeaux de chair humaine. Puis, quand venait le soir, les bohémiennes, les sorcières et les truands se rassemblaient autour des fourches, pour préparer leurs monstrueux breuvages et danser la ronde du sabbat.

Ce fut là que s'arrêta la fatale charrette. Enguerrand descendit de ce misérable véhicule et le religieux qui l'accompagnait l'exhorta une dernière fois à faire le complet aveu de ses fautes. Loin de confesser qu'il eût voulu causer la mort du comte de Valois par l'envoûtement de son image, dit M. Pierre Clément (p. 108), Marigny le nia formellement. Quant aux exactions et aux altérations des monnaies, il répéta qu'elles avaient été approuvées par Philippe-le-Bel. Il protesta, du reste, avec force jusqu'à la fin contre sa condamnation, ajoutant qu'il n'avait jamais obtenu la permission de se défendre, malgré la promesse qu'on lui en avait faite au commencement du procès.

Les derniers instants de la vie d'Enguerrand étaient arrivés. Sur un ordre du prévôt, les exécuteurs s'emparèrent du condamné et le firent monter au sommet des piliers. Puis la chaîne meurtrière s'enroula autour de son cou ; sa bouche fit entendre un dernier cri de douleur et de désespoir ; son œil mourant se tourna tristement vers le ciel, et bientôt après son corps cessa de s'agiter et retomba inerte le long des fourches patibulaires. — La vengeance de Charles de Valois était accomplie ; la justice de Dieu allait commencer.

« La fausse boîteuse et Paiot, dit l'auteur de la *Chronique depuis César*, furent, la même semaine, menés à la justice et leurs complices avec eux. Paiot fut pendu dessous son maître, et la boîteuse Esrenée fut brûlée. La dame de Marigny et sa sœur furent tenues en fortes prisons. »

Un dernier outrage attendait le ministre supplicié. Ordinairement les cadavres restaient à Montfaucon jusqu'à ce que leur place fût devenue nécessaire pour d'autres exécutions. Peu de jours après celle de Marigny, des voleurs le dépouillèrent, pendant la nuit, de son pourpoint, de ses chausses et de ses autres vêtements, et laissèrent son corps entièrement nu au pied du gibet. Alors on demanda au comte de Valois la permission d'ensevelir ce cadavre, mais il ne le voulut pas. Recouverts de quelques habits, les restes de celui qui avait été un haut et puissant seigneur furent de nouveau suspendus à la chaîne infamante. Quelques jours après, des âmes pieuses enlevèrent ce corps pendant la nuit, et avec l'autorisation royale, l'enterrèrent au milieu du chœur de l'église des Chartreux.

Ainsi mourut cet homme, qui, pendant la plus grande partie du règne de Philippe-le-Bel, avait réglé souverainement les affaires les plus importantes, avait distribué les emplois les plus élevés et avait possédé une fortune à côté de laquelle paraîtraient minimes les plus grandes d'aujourd'hui.

Aussitôt après sa mort, ses statues furent renversées et traînées dans la boue. Une seule fut épargnée. On la voyait encore à l'entrée de la conciergerie du Palais en 1655, suivant le père Griffet (*Hist. de France* de Daniel, édit. Griffet, t. V). Marigny y était figuré avec une taille courte et épaisse, un visage carré et une assez belle physionomie. Son habillement était long et descendait beaucoup au-dessous des genoux. Il avait sur la tête un élégant chaperon, dont la pointe, après avoir entouré son cou, venait se rattacher sur l'épaule gauche. Sur son pourpoint se dessinait un baudrier brodé auquel une longue épée était fixée.

Tous ceux qui avaient servi avec dévouement

Philippe-le-Bel subirent le contre-coup de la chute de son ancien ministre. « Quand la nouvelle de sa mort fut annoncée dans les provinces, dit la *Chronique de Normandie* (p. 31), les officiers du roi éprouvèrent dans tout le royaume les plus cruelles persécutions. »

Il restait à partager les richesses du favori tombé, et bien des convoitises étaient surexcitées. Plusieurs jours avant sa mort, d'après le *Mémoriaux de la chambre des comptes* (p. 233), le roi avait fait adresser aux baillis de Gisors, de Caux et de tous les lieux où Enguerrand avait des biens, l'ordre de s'en emparer, de rechercher tous ceux qui pourraient en détenir, d'en faire un inventaire exact, de les administrer et d'en toucher les revenus pour le compte du Trésor. Un mois après, dit M. Pierre Clément (p. 117), Louis-le-Hutin fit don à Charles de Valois, son oncle, de la terre de Gaillefontaine, qui lui avait autrefois appartenu et qu'il avait échangée avec Marigny contre celle de Champrond, échange dans lequel, d'après la teneur des lettres du roi à ce sujet, « ledit Charles de Valois avait été, si comme il disait, grossement déçu et laidement par les decevances et les cautèles dudit Enguerran. » Les lettres portaient en outre que, suivant les usages du royaume, tous les biens de Marigny étaient, *pour cause de sa forfaiture*, tombés au pouvoir du roi, mais qu'il voulait bien, *à raison des profitables services* que lui rendait tous les jours le comte de Valois, lui remettre la terre de Gaillefontaine avec toutes ses dépendances, fiefs, arrière-fiefs, droit de haute justice, moulins, étangs, deux cents quarante arpents de bois et soixante arpents de terre. Henriet de Meudon, veneur et favori du roi, le comte de Savoie et bien d'autres encore obtinrent une part des dépouilles d'Enguerrand. Sur ces entrefaites, Louis

X avait épousé Clémence de Hongrie. Des lettres du mois de novembre 1315 témoignent de la libéralité du roi envers « sa très-chère compagne, » à laquelle il donna les villes, maisons, manoirs et terres de Mainneville, St-Denis, Hébécourt, Fermon, Wardes, Ecouis et Warclive, qui avaient aussi appartenu à Marigny.

Tandis que le roi donnait ainsi à la reine et à ses favoris les biens de l'infortuné ministre de Philippe-le-Bel, la consternation du peuple devint générale, les cris d'allégresse de la veille se changèrent en pleurs et en gémissements. Partout on regretta Enguerrand que l'on venait d'accompagner au gibet. Une émeute éclata même à Paris, et la cour, redoutant les conséquences de l'émotion populaire, dut rendre la liberté aux dames de Marigny et de Canteleu.

A la même époque, les Flamands, toujours portés à la révolte, déclarèrent la guerre au roi de France et publièrent un manifeste, dans lequel ils disaient qu'ils n'avaient suspendu les hostilités que par amour pour le feu roi Philippe-le-Bel ; que l'injustice horrible que Marigny venait d'éprouver leur faisait craindre des suites funestes pour leur tranquillité, et qu'enfin ils déniaient formellement les intelligences criminelles imputées à ce malheureux ministre.

La mort d'Enguerrand fut donc un grand malheur public.

C'est que l'homme qui venait de mourir à Montfaucon avait été injustement condamné, et que la voix du peuple, toujours équitable, ne pouvait pardonner ce crime à la cour de Louis X.

Marigny, sans doute, durant sa longue carrière, avait commis des fautes ; mais il n'avait jamais trahi les intérêts de son roi et de sa patrie. On ne saurait trop le blâmer de la témérité, qui le porta à manquer de respect envers l'oncle de

Louis-le-Hutin ; mais il était dominé par un caractère impétueux et altier, qui fut la cause première de tous ses malheurs. Nous ne pouvons toutefois comprendre aujourd'hui sa parfaite sécurité au milieu de ses ennemis. Pouvait-il, en effet, se flatter, après la mort de Philippe-le-Bel, de conserver quelque crédit, en voyant le comte de Valois, son ennemi mortel, occuper la première place auprès d'un roi jeune encore et sans expérience ? Mais l'aveuglement des hommes arrivés à une haute position est vraiment inconcevable.

Telles furent les erreurs d'Enguerrand. D'ailleurs, ce ministre, que Mezeray qualifie des noms les plus odieux, joignait à une vive intelligence les plus grandes qualités du cœur et un fond de moralité qui le rendit le modèle de son temps. Il ne se contenta pas de défendre constamment les intérêts de Philippe-le-Bel contre les brigues des courtisans avides d'argent et d'honneurs et contre les ennemis de la couronne ; il soutint également ceux de la religion, par la protection qu'il accorda au clergé.

Une année après le supplice de cet infortuné, Louis X mourut à Vincennes, le 5 juin 1316, à l'âge de vingt-sept ans. Un remords honorable lui était heureusement venu avant de mourir. Par son testament, il s'efforça de réparer le tort immense qu'il avait causé aux enfants de Marigny.

Voici cette pièce, fort curieuse ; qui est encore conservée aux Archives de l'Empire (L. J., 404, nº 22) :

« Au nom du Père, du Fils et du Saint-Esprit. Ainsi soit-il.

» L'an de grâce mil trois cent et seize, le cinq du mois de juin ;

» Nous Loys, par la grâce de Dieu, roy de Fran-

ce et de Navarre, en sain et ferme propos.........
à grande délibération, faisons ce présent testament.

» Et quant à toutes les choses qui nous touchent et dont nous avons souvenir, ordonnons en la manière qui suit :

» Premièrement quant à accomplir le testament de notre très-cher père, nous voulons et ordonnons que ce testament soit entièrement accompli et que nul n'y mette empêchement..........

» Nous, considérant le bon service que fit à notre très-chère mère, Jehanne, mère de Loys de Marrigny, et le grand amour que notre dite chère mère avait pour elle, et comme elle la maria à Enguerran de Marrigny, duquel en loyal mariage naquit Loys de Marrigny, notre filleul, considérant la grande infortune qui est avenue audit Loys et autres enfants, en cas de pitié, leur donnons dix mille livres, desquelles nous voulons et ordonnons que ledit Loys, qui fut notre chambellan, ait cinq mille, et leur seront distribuées également par la main de nos exécuteurs ou d'aucun député par eux..........

» Et de ces présents testament, ordonnance et volontés dernières, nous avons fait et ordonné nos exécuteurs notre ami et féal Raoul, évêque de St-Malon, notre cher oncle Charles, comte de Valois, notre cher frère Philippe, comte de Poitiers, notre cher oncle Loys, comte d'Evreux, notre cher frère Charles, comte de la Marche, notre cher oncle G. comte de St.-Pol; item, nos amis et féaux Gauchier, connétable de France, seigneur de Noyers, Hugues d'Augeron et frère Vybert, notre ami confesseur.........

» En témoignage de laquelle chose nous avons fait sceller et clore ce présent testament de notre seel. Donné l'an et mois dessus dits. »

Ce fut là un premier pas dans la voie du repentir. Des démonstrations plus significatives encore suivirent bientôt celle-ci.

Le 24 juin 1317, Philippe-le-Long réhabilita solennellement la mémoire de Marigny, en déclarant, par lettres-patentes, qu'aucune note d'infamie ne devait s'attacher aux enfants du condamné, à raison de sa mort. Nous croyons devoir donner ici une traduction de ces lettres, dont l'original, en latin, se trouve aux Archives de l'Empire (registre 53 du Trésor des Chartes, nº 226).

» Philippe, roi de France et de Navarre, à tous ceux qui verront les présentes lettres, salut. Nous faisons savoir que, si quelque tache d'infamie s'est attachée jusqu'à ce jour aux fils de feu Enguerrand, seigneur de Marigny, à cause de la mort de leur père, nous leur rendons et restituons par les présentes, après mûre délibération, et en vertu de notre puissance royale, l'honneur et la bonne réputation nécessaires dans la vie civile. En foi de quoi nous avons ordonné que les présentes lettres fussent scellées de notre sceau.

» Donné à Canteleu, le jour de la fête de la naissance de St. Jean-Baptiste, l'an du Seigneur 1317. »

Mais la réhabilitation la plus formelle de Marigny devait venir de celui-là même qui l'avait fait condamner. Atteint d'une maladie grave, le comte de Valois, disent les *Grandes Chroniques de Saint-Denis*, « perdit la moitié de lui-même, » par suite d'une paralysie. Alors il se détermina à la réparation la plus humiliante, en confessant publiquement tous ses crimes envers Enguerrand, et en demandant pardon à Dieu et à tous les parents du ministre de Philippe-le-Bel (1325). Son corps étant tombé en putréfaction, il crut voir dans ce mal horrible un salutaire avertissement du ciel, et fit faire, pour son ancien adversaire, des prières dans toutes les églises de Paris, et chargea les seigneurs de sa cour d'aller distribuer de l'argent aux pauvres, avec cette touchante recommandation : « Priez pour Monseigneur » Enguerrand de Marigny et pour le seigneur » Charles. » Ces gentilshommes placèrent toujours, c'est le peuple qui en fit la remarque, le nom de la victime avant celui de l'accusateur. Après cela, le comte fit un testament, dans lequel il ordonna la restitution de la terre de Gaillefontaine aux enfants d'Enguerrand, et mourut pénétré de repentir.

Dans tous ces événements, on aperçoit visiblement la main de Dieu, dirigeant à son gré les actions des hommes, et faisant toujours triompher la justice.

Les princes de la maison de Valois continuèrent, avec une louable persévérance, dont l'histoire impartiale doit leur tenir compte, la tâche réparatrice entreprise par leur auteur. Jean de Marigny, ancien évêque de Beauvais, fut créé par eux chancelier de France, puis ambassadeur et archevêque de Rouen. En 1340, des lettres de Philippe de Valois autorisèrent ce prélat à racheter, de concert avec son frère Robert, les biens d'Enguerrand que Louis X avait donnés à la reine Clémence de Hongrie, et, ajoute M. Pierre Clément (p. 121), tout porte à croire que ce fut Philippe lui-même qui paya les frais de ce rachat. Huit ans après, Jeanne de France, reine de Navarre, fille posthume de Louis-le-Hutin, ayant pris en affection Yde, fille de Louis de Marigny, la maria avec un très-grand seigneur, Jean de Melun, fils aîné du comte de Tancarville, connétable et grand chambellan héréditaire de Normandie. Cette union de la petite-fille du supplicié avec un membre de l'une des familles les plus distinguées de France prouve, à n'en pas douter, que la réhabilitation d'Enguerrand était faite dans l'esprit de tous.

Toutefois le corps de l'ancien ministre gisait toujours, sans aucun signe distinctif, dans un coin du chœur de l'église des Chartreux, où il avait été furtivement déposé, quand Louis X voulut bien le soustraire aux horreurs du gibet.

Cent soixante ans s'étaient écoulés depuis la mort de ce dernier, lorsque le comte de Melun obtint du roi que les cendres d'Enguerrand seraient transportées en grande pompe à Ecouis.

Ce fut en juillet 1475, que cette longue cérémonie eut lieu. Les chanoines d'Ecouis et plusieurs évêques vinrent chercher les restes du condamné, qui furent placés dans une barque magnifiquement ornée et transportés par eau jusqu'à Rouen. De là un grand concours de peuple les accompagna jusqu'à Ecouis, répétant bien haut les louanges de l'illustre et malheureux homme d'état. Ainsi Marigny était acclamé par ce même peuple qui l'avait jadis outragé et conduit au gibet.

Quelques mois après ces glorieuses funérailles, les bons chanoines d'Ecouis élevèrent à Enguerrand un très-beau mausolée, au-dessus duquel fut placée une statue du Christ, emblême de la souffrance et du martyre. A côté du Dieu crucifié, Enguerrand fut représenté à genoux, en chemise, ceint d'une longue corde et implorant la divine justice. Plus bas était sculptée l'effigie du comte de Valois, dont les yeux baissés indiquaient la honte et la confusion d'un grand coupable. Au dessous de ce monument fut gravée l'inscription suivante que nous empruntons à un ouvrage du comte de Beaumanoir (*Justification de Marigny*, p. 135) :

CY DESSOUS GIST DE CE PAYS L'HONNEUR.
DE MARIGNY. ET DE CE LIEU SEIGNEUR.
DIT ENGUERRAN. TRES-SAGE CHEVALIER.
DU ROI PHILIPPE LE BEL GRAND CONSEILLER.
ET GRAND MAISTRE DE FRANCE TREU UTILE.
POUR LE PAYS COMTE DE LONGUEVILLE.
CETTE EGLISE PRESENTE FIT JADIS
EDIFIER. L'AN MIL TROIS CENT DIX.
POUR HONORER DES CIEUX LA REINE ET DAME.
CINQ ANS APRES A DIEU RENDIT SON AME.
LE DERRAIN JOUR D'AVRIL. PUIS FUT MIS CY.
PRIEZ A DIEU QU'IL LUI FASSE MERCI.

Toutefois, comme le prouve cette épitaphe, le roi ne permit pas de mentionner la condamnation portée contre la victime du comte de Valois. Mais les statues qui surmontaient ce tombeau parlaient assez éloquemment à la multitude.

Qu'est devenu ce monument que l'on voyait encore, au XVIIIe siècle, dans l'église d'Ecouis? Très-probablement il a été détruit par la Révolution, à cette époque où une même proscription poursuivit et détruisit les rois et leurs images, les ministres et leurs statues.

Quoi qu'il en soit, à l'époque où ce mausolée fut élevé, Louis XI rendit une déclaration par laquelle il annula toute la procédure faite contre Enguerrand, et déclara le jugement qui l'avait condamné injuste, téméraire et attentatoire à la sûreté publique.

La postérité, nous devons le dire, a confirmé cette ordonnance du descendant de Charles de Valois, et elle verra toujours dans Marigny la victime de l'ardente jalousie du frère de Philippe-le-Bel.

Néanmoins un petit ouvrage, jadis populaire, écrit en 1510, qui ne porte pas de nom d'auteur et qui est intitulé : « *L'Aventurier rendu à dangier*, » s'est plu à insulter, jusque dans sa tombe, le grand et infortuné ministre. Ce livre est extrêmement rare. Le seul exemplaire connu est conservé à la bibliothèque impériale. Aussi croyons-nous devoir en détacher, au profit de nos lecteurs, les passages suivants :

« Au Livre du regnart quérez
De Enguerrant de Margny trouverez
Qui fut si grand et si élevé ,
Oui dire tu l'as assez ;
Car il avait sur tous Anglois
Grâce , honneur , manière et choix.
Tant comme roy Philippe véquit ,
Qui n'eut ni fils ni fille qui
Osât faire contre son gré,
Tant fut monté en haut degré ,
Tous ses vouloirs étaient passés
Et tous ses refus cassés.
Mais quand roi Philippe mourut
Fortune dessus lui courut.
Mais jà ne lui fut advenu
S'il eût patience eu.
Bien aurait fait pour l'avenir
De laisser orgueil et s'enfuir ;
Mais orgueil qui le maîtrisa
Le roi Charles ne prisa.
Il avait si fort amassé
Qu'il eut outre devoir passé.
Un sien avait fait archevêque,
Un frère de Beauvais évêque.
Bientôt fut à lui le pays
Où il avait été nourri.
Or richesse trouble science,
Et vertu maintenir ne pense,
Et diable qui à ce aida
Fit qu'Enguerran s'outrecuida.
Bien y parut, bien s'en vantait ,
Quand dit à Charles qu'il mentait.
Illecques lui faillit son sens,
Car fut dit devant plusieurs gens.
Si donc roy Philippe véquit,
Qui tant de bien jadis lui fit,

Il les eût lui tous démentis,
Eussent-ils été vingt et six.
Encore pensait-il grand être
Qui ne prisa ni roy ni maître.
Mais s'il eût été plus patient
Longtemps eût été Enguerrant.

La suite de cette espèce de complainte, une des plus anciennes que l'on connaisse, donne des détails curieux sur les ascendants de Marigny. Les voici :

« Le père de cet Enguerrant
Fût banni de son tènement,
Deux de ses frères avec lui.
Les trois frères se sont enfuis
Parce qu'ils voulurent garder
Leur argent qu'on veut dérober.

. . . .

Ces trois frères se sont partis,
Quoiqu'ils fussent garantis
De leur vie qui confisquée
Etait au roi et donnée.
L'un s'en alla en Angleterre;
Ne sut trouver meilleure terre ;
Et l'autre en pays de Poiteau,
Là voulut faire le nouveau ;
L'autre s'en vint en Normandie
Et releva très-bien sa vie.
Trois fils il a bien élevés
Qui très-fort furent renommés ;
Car l'un fut mis coadjuteur
De France quasi gouverneur;
Celui-là eut nom Enguerrant.
Son frère, archevêque de Sens.
Fut et eut nom Philippe,
Sage prélat et authentique.
L'autre eut nom Jehan de Margny;
De Beauvais évêque on le fit;
Quarante-deux ans tint l'office
D'évêque et lui fut bien propice. »

. . . .

Nous terminerons ici ce travail, heureux si, après cinq siècles d'injuste oubli, nous parvenons à réhabiliter et à graver dans l'esprit de nos lecteurs le nom d'un homme qui remplit de sa gloire et de ses malheurs une partie du XIVe siècle.

Alf.-Paul SIMIAN,

Avocat à la Cour imp. de Paris, membre de la Société française d'archéologie, de l'Académie flosalpine, de la Société de statistique de l'Isère, etc.

Roanne, — Imprimerie FERLAY, rue du Collége, 9.

ERRATA. P. 3, ligne 18, au lieu de Villebonne, lisez : Lillebonne. — P. 8, ligne 21, au lieu de Mont-le-Méry, lisez : Mont-le-Héri. — P. 10, ligne 27, au lieu de cents, lisez : cent. — P. 14, au lieu de Ecole des chartres, lisez : Ecole des chartes.